NOTICE BIOGRAPHIQUE

SUR

Mgr M.-J.-F.-V. MONYER DE PRILLY,

ÉVÊQUE DE CHALONS.

NOTICE BIOGRAPHIQUE

SUR MONSEIGNEUR

MONYER DE PRILLY

ÉVÊQUE DE CHALONS,

CHALONS,
T. MARTIN, IMPRIMEUR DE L'ÉVÊCHÉ, PLACE DU MARCHÉ, 54,

1860.

NOTICE BIOGRAPHIQUE

SUR

MGR MONYER DE PRILLY

ÉVÊQUE DE CHALONS.

I.

Monseigneur Marie-Joseph-François MONYER DE PRILLY, dont la mort vient de répandre le deuil sur le diocèse de Châlons-sur-Marne, naquit à Avignon (Vaucluse), le 29 octobre 1775, d'une famille illustre selon le monde, mais plus illustre encore selon Dieu, car la piété y était héréditaire. Son aïeul paternel fut page de Louis XIV.

Son père, d'abord colonel du régiment des dragons de Schomberg, devint général à l'armée d'Allemagne. Renvoyé dans ses foyers à cause de sa noblesse, il revint à Roquemaure, où il commanda la garde nationale. Peu après, il fut arrêté et conduit dans les prisons d'Avignon.

Sa mère était la dernière descendante de Nicolas Mignard, frère du célèbre Pierre Mignard, peintre de Louis XIV. Monseigneur de Prilly avait un frère aîné et trois sœurs plus jeunes que lui, dont l'une est morte religieuse hospitalière d'Avignon, en 1857.

Une erreur funeste entraînait alors les familles, même les plus chrétiennes. On fixait aux enfants leur carrière, moins selon la volonté de Dieu que selon les calculs de l'intérêt temporel. L'aîné des deux frères fut donc destiné aux armes, l'autre à l'Eglise. Mais ici la Providence permit que la voix du sang fût aussi la voix du Ciel. Monseigneur de Prilly reçut la tonsure ecclésiastique dès l'âge de neuf ou dix ans. Nous l'avons entendu se plaindre qu'on l'eût ainsi offert à Dieu presque à son insu, dans un âge trop tendre, quoique plus tard il ait ratifié pleinement cette offrande.

Il entra ensuite pour commencer ses études au collége tout à la fois civil et militaire de Tournon (Ardèche). Pendant sa première enfance, il montra un caractère doux, qui pourtant n'éteignait pas en lui l'ardeur et la vivacité. Grâce aux exemples et aux leçons de sa vertueuse mère, il charmait par sa piété naïve, embellie encore par une éducation distinguée. De Tournon il se rendit au collége Mazarin, dit des Quatre-Nations, à Paris, pour y compléter le cours de ses études.

Il se forma entre lui et plusieurs de ses condisciples une de ces amitiés vivaces comme celles du jeune âge, que Monseigneur de Prilly cultiva toujours avec une grande fidélité. Il savait faire oublier à ses rivaux la supériorité de son esprit, se faire pardonner ses succès littéraires par la bonté de son cœur, par l'enjouement de sa conversation, par la politesse de ses manières.

II.

Cependant la révolution, qui allait bientôt renverser en France les autels avec le trône, mit un arrêt forcé à ses études, et l'obligea de retourner à Roquemaure, où sa famille s'était fixée. Lorsque la Convention décréta la levée de trois cent mille hommes, il partît, avec les autres jeunes gens du pays, pour Perpignan, et fut incorporé dans un régiment de dragons. Il passa successivement en Espagne et en Italie. Au milieu des camps, il conservait ses habitudes laborieuses : souvent il fut surpris prolongeant son travail sous la tente jusqu'au milieu de la nuit. Il étonnait l'armée par ses exemples de vertu et réalisait l'idéal du soldat chrétien ; il alliait une grande piété à la valeur guerrière. A table, devant les officiers, à une époque d'irréligion, il ne manqua jamais de donner des signes de sa foi.

Après la bataille de Zurich, il adressa à Masséna une ode, qui existe encore, pleine de verve, d'élan et de sentiments patriotiques. C'est à cette époque qu'il reçut son brevet de capitaine ; mais il nourrissait toujours la pensée d'aller combattre sous d'autres drapeaux, comme le prouve un joli petit poème intitulé : la *Vierge du Frioul*, qu'il composa pendant qu'il était en garnison à Udine. A l'entrée des Français dans Vienne, il courut le danger de perdre la vie. Il se promenait avec quelques officiers dans les rues de la ville, lorsqu'un bras inconnu, inspiré par la haine de l'étranger, lança sur le groupe une lourde pièce de bois. Le chapeau à cornes du capitaine de Prilly fut atteint par-devant et emporté. Monseigneur n'attribuait son salut dans cette circonstance qu'à une protection spéciale de Marie, sa patronne. Il semble en effet qu'une main divine le couvrait au milieu des batailles et le préserva de toute blessure, parce que la Providence le destinait à être un jour l'ornement de l'Eglise. Il prit part à la bataille d'Austerlitz ; mais son amour pour la vérité le fit toujours protester contre le trait honorable qu'on lui attribue à Eylau. La vraisemblance du fait a pu seule l'accréditer.

L'Empereur, dit-on, affectionnait d'une manière particulière le capitaine de Prilly ; il l'appelait *son petit Capitaine*, et avait recours à lui pour les opérations hardies. Il est à regretter que la modestie du saint prélat l'ait rendu ennemi de sa gloire, et qu'il ait détruit de ses propres mains tout ce qui pouvait rappeler aux hommes sa vie militaire, et tant de belles actions qui l'ont illustrée.

Au moment où il venait d'être nommé aide-de-camp du géneral Duvivier de Lacoste, et où les espérances d'un brillant avenir s'ouvraient devant lui, il brisa tout à coup sa carrière militaire, car un plus grand sacrifice de lui-même lui apparaissait! Comme saint Augustin dans le jardin de Milan, comme saint Ignace après la blessure de Pampelune, il tomba un jour sur un passage des Livres saints qui le toucha profondément. Ce fut le dernier coup de la grâce divine, dont l'œuvre était désormais accomplie. Le capitaine de Prilly allait quitter l'épée pour la croix, et prouver une fois de plus l'alliance étroite qu'il y a entre le soldat et le prêtre, unis par la communauté du dévouement. La mort de son frère, arrivée en 1807, lui fournit l'occasion de montrer son courage et sa foi. A la première nouvelle de la maladie de ce frère chéri, Monseigneur de Prilly, qui était alors en garnison, part à cheval et vole comme un trait. Mais le Rhône, débordé, se présente à lui : pas un pont, pas une barque pour le franchir. Le capitaine de Prilly met sa confiance en Dieu, lance son cheval dans les flots, touche à l'autre bord, mais son frère avait déjà cessé de vivre.

III.

Cependant Madame de Prilly, qui venait de perdre son fils aîné et qui, par la résolution de son second fils, voyait s'évanouir les dernières espérances de sa famille, chercha par tous les moyens qui étaient en son pouvoir à le dissuader. Elle n'oublia pas les larmes, cet argument si puissant des mères ! Monseigneur de Prilly fut ébranlé, mais non vaincu par la douleur de sa mère; car il ne résista pas à la voix plus haute de Dieu qui l'appelait. Un jour, sa résolution fut prise irrévocable. Il se présenta donc à sa mère en grand uniforme d'officier, pour lui adresser ses adieux : « Madame, lui dit-il, aujourd'hui encore vous me voyez couvert des livrées du monde, demain vous me verrez revêtu de celles de Jésus-Christ. » Et le lendemain, le brillant capitaine de Prilly était un modeste séminariste d'Aix.

Il monta successivement les divers degrés de la hiérarchie sacrée. Mais quand, au terme de ses études ecclésiastiques, il dut être élevé au sacerdoce, il éprouva, dans sa piété délicate, une vive répugnance. Il ne voulut pas recevoir la prêtrise des mains d'un évêque, quoique rétracté et légitime, parce qu'il avait autrefois prêté serment à la constitution civile du clergé. Il se rendit donc à Turin, en traversant les Alpes à pied, accompagné d'un seul domestique, son ancien soldat, qui portait un léger bagage. Il racontait agréablement qu'il fut accosté, dans ce voyage, par des voleurs à la mise élégante, qui lui demandèrent poliment sa bourse, et qu'il partagea avec eux trois francs qui lui restaient.

Quand il fut marqué du caractère sacerdotal, il revint à Avignon où il fonda, dans la maison paternelle, un petit séminaire pour le diocèse d'Avignon, qui comprenait alors les départements de Vaucluse et du Gard. Il veillait avec une sollicitude tendre sur les élèves qui lui étaient confiés, en qui il voyait l'espérance de l'Eglise. Son activité féconde l'appelait auprès d'eux la nuit et le jour. Il se multipliait pour faire face à tous les besoins d'une maison naissante. Il cumulait les fonctions de supérieur et de professeur de rhétorique, car son esprit vif, son goût délicat et pur le rendait bon juge des beautés littéraires, et capable de les faire sentir aux autres. Pieux lui-même, il voulait graver la piété dans le cœur de ses élèves, et il ne recula devant aucun sacrifice pour la construction et la décoration de la maison de Dieu dans son séminaire. Ses travaux furent bénis du Ciel : des élèves d'un haut mérite sortirent du petit séminaire d'Avignon, dirigé par M. de Prilly, parmi lesquels on peut compter Monseigneur l'évêque actuel de Digne, M. Giraud, ancien ministre, et beaucoup de prêtres qui occupent les postes les plus importants dans les diocèses de Nîmes et d'Avignon,

Au commencement des vacances de son petit séminaire, le supérieur avait l'habitude de faire un pélerinage à la Trappe, à la Grande-Chartreuse, ou à quelque sanctuaire de Marie. Ces pélerinages, il les accomplissait toujours à pied, armé d'un simple bâton. En 1820, au mois d'août, son attrait le dirigea vers la Louvesc, au tombeau de saint Jean-François Regis. Il avait pour l'allée et le retour plus de 70 lieues à franchir. Il fut rencontré en route par deux gendarmes qui faisaient la correspondance. Ces agents de la force publique voyant un individu portant l'habit ecclésiastique, tout couvert de poussière, harassé de fatigue, et paraissant se dérober aux regards, crurent à un travestissement. Ils s'approchèrent du voyageur et lui demandèrent ses papiers. Le pélerin trouvant là le compte de son humilité, avoua avec quelque embarras qu'il n'en avait pas. Confirmés par cette réponse dans leur première opinion, les gendarmes lui ordonnent de rétrograder et de les suivre jusqu'à la ville de Pierrelatte, où il aurait à s'expliquer devant le maire. Présenté à ce magistrat, il est invité à décliner ses noms et qualités : « Je suis, répondit-il, M. de Prilly, supérieur du petit séminaire d'Avignon. » Les gendarmes de se confondre en excuses. « Que ne le disiez-vous tout d'abord ! s'écrièrent-ils, nous vous aurions évité le désagrément de retourner sur vos pas et de voyager en une compagnie aussi peu recherchée que la nôtre. » L'humble pélerin se contenta de sourire et de reprendre sa route : heureux d'avoir trouvé une occasion de pratiquer sa vertu favorite.

IV.

Des services rendus à l'Eglise, mais surtout ses éminentes vertus, avaient depuis longtemps signalé M. de Prilly à l'attention de Monseigneur Frayssinous, évêque d'Hermopolis, alors ministre des affaires ecclésiastiques et de l'instruction publique. Il s'acheminait sans y penser vers l'épiscopat. Il fut nommé évêque de Châlons par ordonnance royale de Louis XVIII, en date du 7 avril 1823.

Un prêtre aussi modeste que M. de Prilly devait s'effrayer de la charge épiscopale. En effet, il regarda sa nomination comme un malheur; il s'en affecta à un tel point que sa santé en fut altérée, et il ne tint pas à lui qu'il ne déclinât l'honneur qu'on voulait lui imposer. Monseigneur Molin, évêque de Viviers, près duquel il se rendit pour connaître, dans la retraite, la volonté de Dieu, triompha enfin de ses résistances, et lui enjoignit au nom du Ciel d'obéir.

Préconisé dans le consistoire du 18 novembre 1823, Monseigneur de Prilly fut sacré le 18 janvier 1824, à Paris, dans la chapelle du séminaire de Saint-Sulpice, par Monseigneur d'Hermopolis, avec les nouveaux évêques de Strasbourg et de Perpignan.

A peine sacré, Monseigneur de Prilly se rendit dans son diocèse. Un témoin oculaire rapporte qu'au moment où la voiture du prélat entrait sur le sol châlonnais, Monseigneur de Prilly en descendit et baisa avec transport cette terre confiée à ses soins, en disant : *Hæc requies mea ; c'est ici que je veux mourir*. Nous savons s'il a tenu sa parole.

Le diocèse de Châlons n'avait pas eu d'évêque depuis la révolution française. Supprimé en 1801, il avait d'abord fait partie du diocèse de Meaux, puis de celui de Reims. Il venait d'être rétabli, avec plusieurs autres diocèses, par le dernier Concordat conclu entre Pie VII et Louis XVIII. Monseigneur de Prilly venait donc renouer la chaîne de nos pontifes, interrompue depuis Monseigneur de Clermont-Tonnerre, qui passa en exil les années de la révolution, et qui est mort cardinal-archevêque de Toulouse. Aussi le diocèse de Châlons témoigna à son nouvel évêque combien il était heureux de le posséder. Monseigneur de Prilly fut reçu avec enthousiasme et installé au milieu de la joie universelle.

Le diocèse de Châlons était dans un état déplorable. Il manquait de prêtres et n'avait pas de grand séminaire. Monseigneur en établit un, malgré des difficultés sans nombre, et s'appliqua à combler les vides du sacerdoce. Le petit séminaire existait, mais insuffisant ; il fut transporté plus tard à Saint-Memmie, par les soins du prélat.

Monseigneur de Prilly était l'homme de la prière, et par elle il a jeté dans son diocèse des semences de bien que d'autres seront appelés à féconder. « Je gouverne mon diocèse en priant, » disait-il à un évêque.

En 1825, il assista au sacre du roi Charles X, à Reims, mais il protesta, pour sauvegarder les droits de l'évêque de Châlons, qui, selon l'ancien usage, n'avait pas porté l'anneau royal dans cette cérémonie. A la révolution de juillet 1830, son palais fut assailli par l'émeute, et ce ne fut que sur des instances réitérées, qu'il consentit à fuir devant ceux que sa charité aurait dû désarmer. Le nouveau pouvoir, désireux de s'attacher l'évêque de Châlons, à cause d'anciennes relations de famille, ne négligea rien pour le gagner. Monseigneur de Prilly resta insensible à toutes les faveurs, de quelque nature qu'elles fussent ; il refusa même plusieurs archevêchés. Monseigneur de Prilly ne relevait que de sa conscience ; il exerçait son ministère avec la plus haute indépendance : aucune puissance au monde ne l'eût fait plier quand son devoir ou son honneur lui semblaient en cause. Dans les luttes du clergé pour la liberté d'enseignement, il se montra un des plus intrépides champions de la cause catholique, et ne craignit pas de s'attirer une double condamnation du Conseil d'Etat.

Autant il montrait de courage dans la vie publique, autant il était aimable dans la vie privée, par sa politesse et sa courtoisie de gentilhomme, par les saillies et l'entrain de sa conversation. Il avait le cœur noble comme son rang, et prenait toujours parti pour les victimes.

Sa vie fut toute apostolique. C'était de la manière la plus

modeste qu'il parcourait son diocèse : il avait comme de l'horreur pour tout ce qui sentait le faste et l'éclat.

Si nous n'avions craint de dépasser les limites d'une simple notice, nous aurions pu placer ici une multitude de traits piquants pour l'ordinaire, toujours charmants, qui nous le peignent sous ces mêmes couleurs, d'homme de piété et d'abnégation.

Plus d'une fois, on le vit s'établir au presbytère de quelque paroisse de campagne, veuve de son curé, dans laquelle il exerçait les fonctions du ministère ordinaire. Pendant le choléra de 1849, il courut à Sézanne prendre la place du pasteur, mort victime de l'épidémie.

V.

Sa charité universelle offrait un accès à tous les malheureux et savait les atteindre jusqu'aux extrémités du monde. Les Maronites du Liban, les missionnaires chez les infidèles, peuvent l'attester. Dans les malheurs publics, il donnait à tous l'exemple du dévouement. En 1840, il fit vendre ses chevaux et ses équipages pour en envoyer le prix aux inondés du Rhône. A l'époque de la révolution d'Espagne, il reçut pendant plusieurs mois, sous son toit et à sa table, douze officiers espagnols. La différence de religions n'arrêtait pas sa libéralité : on raconte qu'un Juif était venu lui exposer sa misère et en avait reçu quinze francs. Touché de tant de bonté, mais craignant d'avoir surpris les intentions de l'évêque, le Juif lui fit part de son scrupule, et lui dit : « Monseigneur, peut-être pensez-vous adresser votre aumône à un Chrétien ; je ne le suis pas, je suis Juif. » Pour toute réponse, le charitable évêque lui rendit encore quinze francs, en disant : « Je vous avais donné les premiers au nom du Fils, je vous donne ceux-ci au nom du Père. » Durant la saison la plus rigoureuse, il visitait les pauvres à domicile ; il se dépouillait de ses vêtements et de ses couvertures, qu'il leur envoyait par les sœurs de charité, sans jamais vouloir qu'on révélât le nom du donateur.

Il ne permettait jamais devant lui de parole blessante pour le prochain. Son visage trahissait assez, par son expression triste, la peine qu'il éprouvait quand il en entendait quelqu'une. Il aurait pu, comme saint Augustin, graver ce distique au-dessus de sa table :

Quisquis amat dictis absentum rodere vitam;
Hanc mensam vetitam noverit esse sibi.

Sévère pour lui-même, il s'était imposé un règlement de vie dont il ne s'écartait jamais. Connaissant le prix du temps, il prenait sur son sommeil pour vaquer à l'étude et à la prière. Nous l'avons vu, jusque dans les derniers temps de sa vie, ce vénérable octogénaire, se lever, selon sa coutume, dès le grand matin, même dans la saison la plus rigoureuse, pour présider les exercices des ordinants.

Tout ce qui touchait aux intérêts de Dieu et de l'Église enflammait son zèle. Il fit le voyage d'Afrique, pour assister à la translation des reliques de saint Augustin, celui de Liége, à l'époque du grand jubilé. Les cérémonies et le chant de l'Église attiraient sa vigilance pastorale. Il établit de ses propres deniers la maîtrise de sa cathédrale ; il chérissait cette œuvre, parce que *ses petits enfants,* comme il les appelait, consacraient leurs voix aux louanges de Dieu. Il avait une prédilection marquée pour son grand séminaire, en témoignage de laquelle il lui a légué son cœur. Il appelait ses séminaristes ses *Barnabés* ou ses *enfants de consolation.* Pour s'assurer de leur persévérance dans le bien, il n'en admettait aucun à la prêtrise sans lui avoir fait signer l'engagement de consacrer chaque jour une demi-heure à l'oraison. Il entretenait avec ses prêtres une correspondance assidue. Pendant plusieurs années, il ne laissa passer aucun jour sans leur adresser ce qu'il appelait *ses petits billets* post missam.

L'Église romaine n'avait pas de fils plus obéissant que Monseigneur l'Évêque de Châlons ; il rétablit, sitôt qu'il le put, la liturgie romaine dans son diocèse. Il professait le plus grand respect pour le souverain Pontife, dont il aimait à se dire le sujet, parce qu'il était né à Avignon quand cette ville appartenait encore au Pape. A l'âge de plus de 70 ans, malgré ses infirmités, il entreprit le voyage de Rome, pour déposer aux pieds du Saint-Père l'expression de sa tendresse filiale.

Il parlait de Dieu avec un visage enflammé : sa parole s'échappait de sa bouche comme des traits de feu; il s'élevait contre les scandales publics avec les accents d'une âme déchirée.

L'âme du guerrier vivait toujours sous le manteau de l'évêque : on sait comment il aimait l'armée, comme il s'exaltait à la nouvelle de nos triomphes. L'une de ses dernières bénédictions fut pour l'armée : le soldat en faction à l'évêché ayant désiré recevoir la bénédiction du prélat mourant : « Je vous bénis, lui dit-il quand il l'aperçut, car nous aimons toujours l'armée. »

Il avait reçu des mains de l'Empereur, au camp de Châlons, la médaille de Sainte-Hélène, et il la portait avec quelque fierté, à côté de la croix d'officier de la Légion-d'Honneur.

Son humilité était touchante : il ne s'appelait que *le pauvre homme*. Un trait nous peindra sa modestie.

Après la bataille de Zurich, on avait confié à M. de Prilly la garde de prisonniers parmi lesquels se trouvait un émigré français. Touché du malheur de son compatriote, notre capitaine lui ménagea, en fermant les yeux, le moyen de s'échapper. Cet émigré, rentré en France, vint se fixer dans un village du diocèse de Châlons. Le capitaine, devenu évêque, le rencontra dans ses visites pastorales et le reconnut aussitôt. Il recevait même chez lui une noble hospitalité dont il se louait beaucoup. Souvent, le vieil émigré racontait à table, devant son hôte, comment il devait son salut à la générosité d'un capitaine de dragons. Un mot de Monseigneur eût provoqué des élans de reconnaissance : ce mot ne fut jamais dit. Monseigneur ne laissa transpirer le secret qu'après la mort de son ancien prisonnier ; il en fit la confidence à un de ses prêtres.

Il aurait pu paraître avec distinction dans le monde, mais il se tint toujours caché. Dieu, la prière, l'étude, le soin des affaires remplissaient toute sa vie. Ce n'est pas que Monseigneur n'ait eu le goût du luxe et de la grandeur, mais il avait voulu retrancher à la convoitise tout ce qui aurait pu l'alimenter. Dieu le réservait à notre siècle comme une protestation vivante contre l'esprit d'orgueil et de jouissance qui dévore la génération présente.

Large et magnifique dans ses dons aux églises et aux pauvres, il vivait lui-même dans une pauvreté dont ceux-là seuls pourront avoir une idée qui en ont été les témoins. Comme saint François d'Assise, un de ses patrons, il semblait passionné pour la pauvreté : il l'appelait son épouse. Il cherchait à en inspirer l'amour à ses prêtres : on a, au séminaire, écrit de sa main, l'état du mobilier qui convient dans un presbytère. Il donne le sien pour modèle ; chacun sait, dans le diocèse, quel était le mobilier de son évêché !

VI.

Dans les derniers temps de sa vie, il se faisait porter sur les bras de ses lévites, comme le disciple bien-aimé, au milieu de ses prêtres et des fidèles ; et il leur adressait encore quelques-unes de ces paroles dont son âme pure et embrasée avait le secret. Quand il paraissait dans cette procession solennelle des saintes Reliques, qui se fait à Châlons le lundi de la Pentecôte, avec sa longue barbe, son visage amaigri, ses traits vénérables, les enfants, dans leur langage naïf, l'appelaient le *Saint vivant*.

Sentant ses forces le trahir, il comprit la nécessité de reporter sur un autre une partie du fardeau désormais trop lourd pour ses épaules.

La Providence lui réservait pour coadjuteur un prélat qui a entouré ses dernières années de tous les égards et des procédés les plus délicats.

Il s'était familiarisé avec la pensée de la mort : depuis plus de seize ans, il avait réglé tout ce qui concernait ses funérailles, et il avait fait creuser, dans la chapelle de la sainte Vierge de sa cathédrale, son tombeau, sur lequel il passait chaque jour, et quelquefois même la nuit, de longues heures en prières.

Il y a fait graver, pour son épitaphe, ces paroles, qui formaient comme sa devise pendant sa vie : « *Sanctifiez le Dimanche.* » Ces simples mots, tracés de sa propre main, et laissés dans ses papiers comme l'expression de sa dernière volonté, la compléteront :

HIC JACET . . . . AVENIONENSIS,

QUI FUIT, DUM VIVERET,

PER . . . . ANNOS, EPISCOPUS CATALAUNENSIS,

ET SE CLERI FIDELIUMQUE PRECIBUS

COMMENDAT.

—

REQUIESCAT IN PACE.

Voici en quels termes il annonçait à son diocèse, dans son mandement du 18 octobre 1843, qu'il s'était préparé son tombeau, d'où, même après sa mort, il voulait prêcher encore la sanctification du Dimanche :

« Pour être encore entendu du fond de ce monument, dites-le, Monsieur le Curé, à vos paroissiens, pour n'être point, même après ma mort, réduit au silence, j'ai fait graver sur le marbre destiné à recouvrir ma froide dépouille, des caractères qui parleront pour moi, qui rediront jusqu'à la fin des siècles, si rien ne trouble ma cendre, ces paroles que j'aurai répétées si souvent : *Sanctifiez le jour du Seigneur.* Ah! certes, il faudra avoir le cœur bien dur pour n'en être pas touché! Ainsi, ma voix retentira, même alors que je ne serai plus. Celle des morts est puissante; ils sont éloquents :

heureux qui sait les comprendre!!! Je serai donc là sans mouvement et sans vie, dans un état qu'on cache à tous les yeux, tant il est humiliant et effrayant; et cependant je crierai encore : *Sanctifiez le Dimanche*. Le marbre le dira pour moi; il sera, tant que j'existerai sur la terre, mon interprète; mais quand le moment sera venu d'y ajouter ces autres paroles : *Hic jacet;* quand la pierre se sera pour toujours refermée sur moi, je dirai encore : *Observez le jour du Seigneur*. Car ces paroles, gravées profondément sur le marbre, ne s'effaceront jamais, je l'espère. En les revoyant, on en sera frappé, et on se dira : *c'est notre évêque qui dit cela*. Ce sont les paroles qu'il a si souvent répétées pendant sa vie, et qu'il nous fait encore entendre. Et cependant le son de ma voix ne frappera plus les oreilles, je serai plongé dans l'obscure nuit, séparé des vivants, renfermé dans une double enveloppe de plomb et de bois, recouvert d'un drap épais. On m'y aura renfermé revêtu de toutes les marques de ma dignité, les pieds et les mains liés, le visage couvert d'un voile; et c'est dans cet état, que je me plais d'avance à contempler, qui tôt ou tard sera le nôtre, que je serai caché à tous les yeux, si ce n'est à ceux de Dieu qui pénètrent le fond des tombeaux. Oui, c'est en cet état, où je ne serai plus que corruption, que vile poussière, que je crierai, sans me lasser jamais : *Sanctifiez le jour du Seigneur.* »

Depuis plusieurs années, il s'éteignait lentement, le sourire sur les lèvres, malgré de cruelles souffrances, dont il laissait quelquefois échapper l'aveu à ceux qui le visitaient.

Sa piété attentive n'avait pas attendu les derniers moments pour demander les sacrements de l'Église. Il les avait reçus avec une foi, une humilité qui arrachèrent des larmes à tous les spectateurs.

Le 1er janvier 1860, à dix heures du soir, après une douce et courte agonie, il s'est endormi dans le Seigneur, dans la 85e année de son âge et la 36e de sa prélature. Il était le doyen de l'épiscopat français.

Évêque et gentilhomme, il est mort sur un grabat, selon sa volonté, et dans un dénuement absolu. Il s'était dépouillé des objets les plus indispensables pour revêtir les pauvres. Son testament respire les sentiments qui l'ont animé pendant toute sa vie. Il consacre à des legs pieux et charitables le peu qui lui restait, et qu'il aurait encore distribué, si la mort ne l'eût prévenu.

VII.

A cette nouvelle, qui se répandit bientôt : *le saint Évêque est mort*, le clergé fut dans le deuil, comme une famille qui a perdu son père : les pauvres pleuraient... Quelles larmes et quels accents ! On les a entendu exprimer le vœu que les frais des funérailles de leur ami fussent couverts par une souscription publique, à laquelle ils voulaient prendre part. *Il a assez donné,* disaient-ils. Toutes les classes de la société se confondaient dans l'expression des mêmes regrets et des mêmes espérances. « Nous avons perdu, disait-on, l'ange protecteur de la cité et du diocèse ; mais il veille sur nous du haut des cieux. » Personne en effet ne mettait en doute que les fautes légères qui échappent à la fragilité humaine, même dans les plus vertueux, n'aient été expiées par plusieurs années de cruelles souffrances, supportées avec une résignation si chrétienne.

Aussi, pendant toute une semaine, des flots de peuple se pressaient, comme à un pieux pélerinage, dans la chapelle ardente de l'Evêché, où étaient exposés les restes vénérés du saint prélat.

Chacun voulait faire toucher à sa dépouille mortelle un bijou, une médaille, un chapelet, ou tout autre objet qui devait être conservé ensuite comme une pieuse relique : on a vu des militaires lui faire toucher leurs armes, des ouvriers leurs instruments de travail, des pauvres leurs habits, parce que, disaient-ils, ils n'avaient rien autre chose. On estime à 400,000 le nombre des objets ainsi présentés. Des images furent envoyées par lettres des extrémités de la France. La ville et le diocèse de Châlons ont complété le témoignage de reconnaissance et de respect envers leur Evêque par de magnifiques funérailles, qui ressemblaient plutôt à un triomphe. La province ecclésiastique de Reims s'y trouvait représentée presque tout entière. Son Eminence le cardinal archevêque de Reims présidait la cérémonie ; il était précédé par Nos Seigneurs les évêques de Beauvais, d'Amiens, de Châlons. Monseigneur de Soissons seul, retenu par une indisposition, avait eu le regret de ne pouvoir rendre ses derniers hommages à son vénéré collègue.

Le clergé avait répondu avec un empressement louable à l'invitation de son premier pasteur, le nouvel évêque. 200 prêtres, sur 300 que compte le diocèse, n'avaient reculé ni devant la longueur du voyage, ni devant la difficulté du retour, les obsèques ayant eu lieu le samedi 7 janvier. La magistrature, l'armée, toutes les classes de la population, étaient à leur poste. Les cordons du poêle étaient tenus par M. le Préfet du département de la Marne, l'Intendant de la 4e division militaire, le Président du tribunal civil, et le Maire de Châlons. La troupe formait la haie dans toutes les rues que devait traverser le cortége ; les chasseurs à cheval l'attendaient sur la place de l'Hôtel-de-Ville ; la musique militaire exécutait des airs funèbres.

Le saint défunt, le visage découvert, revêtu de ses ornements pontificaux, était porté, sur un brancart, par les bras de ceux qui avaient reçu de lui l'onction sacerdotale.

Sur tout le parcours du cortége, cinquante mille spectateurs, accourus de toutes parts, inclinaient leurs fronts devant celui qui les avait bénis tant de fois. Plus d'un œil versait des larmes. Après la messe, qui fut exécutée avec une précision remarquable, au milieu de l'ordre et du calme le plus parfait ; après la cérémonie si solennelle et si imposante des cinq absoutes, le corps resta encore exposé environ une heure. On procéda ensuite, à la sacristie, à l'extraction du cœur du prélat, qui, selon sa volonté, devait être donné au grand séminaire. Et le soir, après le chant des vêpres des morts, le corps fut descendu au tombeau par la main des prêtres. C'est à l'ombre de l'autel de Marie que reposent, jusqu'au dernier réveil, les restes vénérés de notre saint Évêque, tandis que son âme a déjà reçu sans doute du juste juge la couronne qui est réservée à celui qui a combattu le bon combat avec l'Épée et avec la Croix, pour la Patrie et pour l'Église.

J. L. B.

15

www.ingramcontent.com/pod-product-compliance
Lightning Source LLC
Chambersburg PA
CBHW060924050426
42453CB00010B/1862